Du machst mich fest im Fluss der Zeit

Schwester Michaela Klodmann
Bruder Franziskus Joest

# Du machst mich fest im Fluss der Zeit

Einladung zum Beten

Mit Aquarellen von Eberhard Münch

**Präsenz**

*Aquarelle:*
Eberhard Münch, Wiesbaden

*Lektorat:*
Dr. Ulrike Voigt, Stuttgart

*Druck und Bindung:*
Freiburger Graphische Betriebe, Freiburg

© 2009 Präsenz Kunst & Buch
Gnadenthal · 65597 Hünfelden
www.praesenz-kunst-und-buch.de
ISBN 978-3-87630-084-9

# Inhalt

# Brückenpfeiler im Fluss der Zeit
## Eine Einführung

Vierzig Jahre leben wir als Jesus-Bruderschaft in Gnadenthal – auf ein Menschenleben gesehen eine lange Zeit. Was hat im Fluss dieser Jahre getragen? Zuerst und zuletzt und immer wieder: das Gebet. Das persönliche Gebet der einzelnen, aber auch das Gebet der Gemeinschaft im Rhythmus der Tageszeiten, im Rhythmus der Woche und des (Kirchen-)Jahres. Das uralte Bild hat sich auch in unserem Leben bewährt und bewahrheitet: Die Gebetszeiten sind wie Brückenpfeiler, auf denen der Spannungsbogen unseres Lebens immer wieder aufliegt und ruht.

Der Rhythmus ist etwas Heilsames für uns Menschen. Die Vorstellung einförmig dahinfließender Zeit ist eine abstrakte Konstruktion. Wenn wir versuchen, uns da hinein zu versetzen, wirkt es erdrückend. Denn wir leben schon immer im Rhythmus von Tag und Nacht, im Rhythmus der Jahreszeiten. Wir brauchen den Wechsel wie das Einatmen und das Ausatmen.

Die Rhythmen des Jahres, der Woche und des Tages sind kunstvoll ineinander verschlungen und beeinflussen sich wechselseitig. In einem Bild gesagt: Sie sind wie die Bogen einer römischen Wasserleitung, übereinandergebaut in drei Galerien, deren Pfeiler in jeweils immer engeren Abständen zueinander stehen.

Ähnlich dem berühmten Pont du Gard in Südfrankreich stehen ganz unten mächtige Träger, die mit gewaltigen Bogen den Fluss Gard überspannen. Auf ihrem Rücken trägt diese Brücke eine zweite, niedrigere, die wiederum eine dritte Galerie trägt, deren kleine kurzrhythmige Bogen die eigentliche Wasserrinne führen. So transportierten die Römer Trinkwasser von einem Steilufer des Gard zum anderen und dann weiter an seinen Zielort.

Die weitgespannten Pfeiler der untersten Brücke symbolisieren das Kirchenjahr, das mit seiner Abfolge von Advent, Weihnachten, Epiphanias, Fastenzeit, Karwoche, Ostern, Himmelfahrt, Pfingsten und anderen Festen das Jahr in Perioden schwingen und uns den großen Atem der Heilsgeschichte spüren lässt.

Darauf baut sich die Woche mit ihrem Siebenerrhythmus auf und schenkt uns den heilsamen Wechsel von Arbeit und Ruhe, Anspannung und Entspannung, Zupacken und Loslassen.

Schließlich erleben wir den Tag, gegliedert durch die Gebete am Morgen, am Mittag, am Abend und zur Nacht. Über diesen Pfeilern spannt sich der Bogen unseres Lebens von Tag zu Tag.

Von Tag zu Tag, von Woche zu Woche, von Jahr zu Jahr prägen diese Rhythmen unser Leben, machen es vielfarbig und reich, und geben ihm Halt. Sie durchdringen sich gegenseitig (hier versagt das Bild von der

Brücke), denn im Advent feiern wir anders Gottesdienst als in der Osterzeit, singen andere Hymnen im Abendgebet, haben andere Antwortgesänge im Mittagsgebet als zu anderen Zeiten. Jede Jahreszeit gibt „Farbe" ab, und auch der Wochenrhythmus prägt zum Beispiel mit der Feier der Sonntagsbegrüßung die Tagzeitgebete am Samstag.

Man muss nicht so beten wie wir in Gnadenthal. Aber jeder gottsuchende Mensch braucht eine Art „Periodensystem" des Gebets in Anlehnung an die natürlichen Rhythmen des Lebens und der Heilsgeschichte Gottes mit seinem Volk. So spannt sich die Brücke unseres Daseins über den Fluss der Zeit, bis wir ans andere Ufer gelangen.

# Psalm 40

2   *Sehnlichst hoffte ich auf den Herrn,*
      *da neigte er sich zu mir und hörte mein Schreien.*

3   *Er zog mich herauf aus der Grube des Grauens,*
      *aus Morast und Schlamm,*
  *und stellte meine Füße auf Felsgrund,*
      *machte meine Schritte fest.*

4   *Er legte mir in den Mund ein neues Lied,*
      *einen Lobgesang auf unseren Gott.*
  *Viele werden es sehen und sich fürchten*
      *und auf den Herrn vertrauen.*

5   *Wohl dem, der auf den Herrn*
      *sein Vertrauen setzt,*
  *sich nicht zu den Trotzigen wendet*
      *noch zu denen, die sich in Lügen verstricken.*

6   *Zahlreich sind deine Wunder und Pläne,*
      *die du, Herr, mein Gott, für uns vollbracht hast,*
      *nichts ist dir zu vergleichen.*
  *Wollte ich davon künden und reden,*
      *zu viele sind es, sie zu zählen.*

7   *An Schlachtopfern und Speiseopfern hast du kein*
      *Gefallen, aber Ohren hast du mir aufgetan,*
      *Brandopfer und Sündopfer hast du nicht verlangt.*

8   *Da sprach ich: Sieh, ich bin gekommen,*
      *in der Schriftrolle steht geschrieben, was für mich gilt.*

9   *Deinen Willen zu tun, mein Gott, ist mir eine Lust,*
      *und deine Weisung trage ich im Herzen.*

10  *Froh künde ich Gerechtigkeit*
      *in großer Versammlung,*

*sieh, meine Lippen verschließe ich nicht.*
    *Herr, du weißt es:*
11  *Deine Gerechtigkeit habe ich nicht verborgen*
    *in meinem Herzen,*
*von deiner Treue und Hilfe habe ich geredet,*
    *deine Güte und Treue habe ich nicht*
    *verschwiegen vor großer Versammlung.*
12  *Du, Herr, wirst mir dein Erbarmen*
    *nicht verschließen,*
*deine Güte und Treue*
    *werden mich immer behüten.*
13  *Denn Leiden umfangen mich*
    *ohne Zahl,*
*meine Sünden haben mich eingeholt,*
    *ich kann nicht mehr aufsehen,*
*zahlreicher sind sie als die Haare meine Hauptes,*
    *und verlassen hat mich mein Mut.*
14  *Möge es dir gefallen, Herr, mich zu retten,*
    *Herr, eile mir zu Hilfe.*

17  *Frohlocken sollen und deiner sich freuen*
    *alle, die dich suchen.*
*Die sich nach deiner Hilfe sehnen,*
    *sollen allezeit sagen: Groß ist der Herr!*
18  *Ich aber bin elend und arm,*
    *der Herr rechne es mir an.*
*Meine Hilfe und mein Retter bist du,*
    *mein Gott, säume nicht.*

(Psalm 40, 2 – 14; 17 – 18)

# Über das Beten

## Was ist Gebet?

- Zuerst ist Gebet die Antwort auf die Liebe Gottes, der sich mehr nach uns sehnt, als wir es ahnen
- es ist das Erwachen zu der unfassbaren Würde, den ewigen Gott ansprechen zu dürfen
- es ist, als wenn die Tochter und der Sohn des Königs endlich erkennen, wer ihr Vater ist und zu welchem Königtum sie freien Zutritt haben
- es ist Kommunikation, lebendige Beziehung, das Sein im Bund mit Gott
- es ist die Leiter, die Himmel und Erde verbindet
- es ist auch Widerstand und Wagnis; denn wer will offenbar werden vor dem Heiligen, wer wagt es, sich dem Feuer zu nähern?
- es ist nach den Worten von Therese von Lisieux „ein Aufschwung der Seele zu Gott, der Hebel, der die Welt aus den Angeln heben kann"
- es ist die Bereitschaft, ins Dunkel hinein zu sprechen
- es ist ein Weg der Läuterung, auf dem wir die Wahrheit über uns selbst erkennen
- es ist ein Wach-Werden für die Anliegen Gottes
- es ist das Warten auf Seine Weisung
- es ist das Flüstern zwischen Liebenden
- es ist das Bewusstsein, in der Gegenwart Gottes zu stehen
- es ist das Erzittern der Seele vor dem Erhabenen und Heiligen

- es ist das Jauchzen des Kindes in der Nähe des Vaters
- es ist das Glück der Geliebten
- es ist das erwartungsvolle Schweigen des Herzens
- es ist das jubelnde Lied des Dankenden
- es ist der Schrei im Angesicht des Todes
- es ist die Klage des Einsamen
- es ist eine ständige Rückkehr in das Erbarmen Gottes
- es ist das Sich-Sichern an Ihm, Sich-Fest-Machen an Gott
- es ist die Übernahme einer großen Verantwortung, denn jeder Beter ist ein Priester im Tempel des Herrn.

All das und viel mehr ist das Gebet, denn es ist so vielseitig wie die Menschen, die es üben.

# Warum beten?

„Sucht mich, dann werdet ihr leben", so lässt Gott uns durch seinen Propheten Amos den Sinn des Gebetes verstehen. Wir beten, weil Gott unsere Nähe will, weil er darauf wartet, gesucht zu werden, weil er uns Sein Angesicht leuchten lassen will. Wir gehorchen im Gebet der höchsten Weisung Gottes. Wir beten, weil wir ihn tiefer erkennen wollen, um ihm immer tiefer zu vertrauen. Wir beten, weil nichts und niemand uns lebendiger macht als Gott, die lebendige Quelle des Lebens, weil niemand den Kompass unseres Herzens liebevoller ausrichtet, weil niemand uns tiefer zu unserer einmaligen Bestimmung verhilft als der Gott und Vater unseres Herrn Jesus Christus.

Wir beten, weil wir Angewiesene bleiben, immer neu wartend auf das Manna, das uns Tag um Tag vom Himmel gegeben wird; weil wir Lauschende bleiben wollen, lauschend auf die Stimme des Heiligen Geistes. Wir beten, weil Liebende davon leben, einander stets neu Aufmerksamkeit zu schenken. Nicht zuletzt beten wir, weil Jesus selbst viele Nächte im Gebet mit seinem Vater sprach, auf ihn hörte, von ihm den nächsten Schritt erkannte. Und wir, seine Jüngerinnen und Jünger, wollen ihm auch darin nachfolgen.

# Wie sollen wir beten?

Alle Menschen, die Gott suchen, brauchen feste Zeiten des Gebetes, die ihnen wie Brückenpfeiler im Strom der Zeit Stabilität und Standfestigkeit verleihen.

Auch brauchen wir die Worte der Liturgie, die uns die Beter aller Jahrtausende vor uns hinterlassen haben. Ihre Gebete können zu uns wie ein Funke überspringen, in uns und in unserer Gemeinschaft zum Leben erwachen, wenn wir sie mit innerer Herzensbeteiligung beten. Gerade in den Psalmen Israels, die auch Jesu Gebetbuch waren, kann sich der Beter ganz und gar wiederfinden in Klage und Dank, in Todesnot und überschäumender Freude, in Angst und Einsamkeit, in Ruhe und Vertrauen.

Nicht zufällig wählten wir den 40. Psalm, um die liturgischen Gebete dieses Buches wie mit einem Rahmen einzufassen. 40 Jahre betet und arbeitet die Jesus-Bruderschaft in Gnadenthal.

Die Zahl 40 ist im biblischen Denken von großer Bedeutung. 40 Jahre wanderte das Volk Israel durch die Wüste hin zum Land der Verheißung, 40 Tage wartete Mose auf dem Horeb auf die Gabe der Tora, 40 Tage fastete und betete Jesus vor seinem öffentlichen Wirken.

Nach der 40 kommt etwas ganz anderes, ein neuer Anfang ist möglich.

Die Zahl 40, im Hebräischen *Mem*, hat mit dem Wort *Maim* zu tun (= Wasser). Die Zeit fließt. Kein Moment bleibt. Sie reinigt, sie besänftigt und ihr Fließen weckt in uns das Gefühl, dass es auf ein Ziel zugeht. Die

Stunden vergehen, doch gibt es Brückenpfeiler mitten im Strom der Zeit. Sie tragen uns, geben Beständigkeit. Diese festen Zeiten innerhalb der fließenden Zeit waren und sind bis heute unsere Gebetszeiten, die unserem Tag Rhythmus und Struktur geben.

Überall, wo auf dieser Welt Stunden-Gebete gehalten werden, haben die Psalmen Israels eine zentrale Bedeutung, diese „Nacht-Herbergen für die Weg-Wunden", wie die jüdische Dichterin Nelly Sachs sie nennt. So auch bei uns.

Manche Erfahrungen, die der Beter dieses Psalms gemacht hat, erinnern sehr an die bewegte Geschichte unserer Kommunität hier in Gnadenthal.

Im 1. Teil, Vers 1–11, steht der Dank an Gott über die Rettung, die Wunder in der Vergangenheit, die Hilfe, die Erhörung der Gebete, der Lobgesang. Bewusst wird dem Psalm im ersten Vers das Bekenntnis der Hoffnung vorangestellt, um Zeugnis zu geben von der rettenden Kraft der Hoffnung auf den Herrn und so zum Vertrauen aufzurufen. Und auch am Ende hofft der Beter auf die Hilfe Gottes für den vor ihm liegenden neuen Weg-Abschnitt.

Das im 4. Vers genannte neue Lied singt von der erneuerten Erlösung. Ehrfurcht erfasst den Singenden vor den Wundern, die Gott tut. Zu groß sind seine Wunder, zu tief sind seine Gedanken, um sie würdig zu preisen. Zentral steht im ersten Teil des Psalms, der wohl während oder nach dem Exil (6. Jahrhundert v. Chr.) geschrieben wurde, der Gedanke des neuen Tempeldienstes, ohne Tempel, ohne Tieropfer.

*An Schlachtopfern und Speiseopfern hast du kein Ge-*
*fallen, aber Ohren hast du mir aufgetan …*
*Sieh, ich bin gekommen … und deine Weisung trage ich*
*im Herzen. (Psalm 40, 7–9)*

Die Volksgemeinschaft ist von dem unfassbaren Erbarmen Gottes überwältigt. Nach dem Abweichen von seiner Weisung, nach der Zerstörung ihres Heiligtums,
dem Verbannt-Sein ins Exil, hat Gott sie zurück-
gebracht in ihr Land. Der Beter des Psalmes drückt
nun die Offenbarung aus, die ihm geschenkt wurde.
Gott hat ihm das Ohr geöffnet. Zu einem endlosen,
weiten Raum ist die Gabe des Hörens geworden. Gott
will keine stellvertretenden Opfer, sondern er befreit
dazu, sich selbst in seinen Dienst zu stellen. Wer ihm
nahe gekommen ist, dient durch den Gehorsam, das
Handeln aus dem Hören auf ihn. Das allein ist nun die
wahre Nahe-Gabe, wie man das Wort für Opfer über-
setzen kann. Die Herzens-Tora im Innersten gilt es zu
bewahren, im einzelnen Beter wie auch in der Mitte
des Volkes. Das „Höre Israel" (5. Mose 6,4), die Berufung seines Volkes, wird nun auf neue Weise von innen
her lebendig.
Und ist nicht auch dies der Sinn und die Erfahrung in
unseren Gebeten: ein immer tieferes Hineinwachsen in
unsere Berufung, für jeden Einzelnen und auch für
eine ganze Gemeinschaft?

Den zweiten Teil des 40. Psalms kann man überschrei-
ben als die Bitte an Gott um Rettung aus der gegenwärtigen Bedrängnis. Wenn wir, so wie zu Anfang des

Psalms, danken können für die Wunder der Vergangenheit, können wir heute nach 40 Jahren als Jesus-Bruderschaft in Gnadenthal auch mit einstimmen in die Bitte um Hilfe aus mancher gegenwärtigen Bedrängnis. So wie die Beter des Psalms damals klagten über Unglück, Schuld und Verstrickung, haben auch wir manche Schuld vor Gott und voreinander zu beklagen. So beten auch wir um erneuerte Erlösung.

Und auch wir stimmen ein in das vertrauensvolle Gebet: *Du, Herr, wirst mir dein Erbarmen nicht verschließen. (Psalm 40, 12)*

Das hebräische Wort für Erbarmen ist *Rachamim*, das unmittelbar mit dem Wort für Mutterschoß (= *Rechem*) zusammenhängt. So wie ein Mutterschoß das Leben auch in seiner kleinsten Form schützt, so wird Gott in seinem Innersten die Liebe zu uns bewahren, auch in den Nöten, die dann in den kommenden Versen aufgezählt werden. So groß ist die Bedrängnis, dass der Beter keinen Rat mehr weiß. Wenn er dann am Ende seinen momentanen Zustand beschreibt, so nennt er sich selbst arm und elend. Doch bleibt er bei dieser Klage nicht stehen, sondern knüpft an den Hoffnungsfaden an, der sich durch sein ganzes Erleben hindurchzieht. Unfähig, sich selbst zu erretten, wartet er wieder neu auf das heilende Eingreifen Gottes.

Auch wenn Menschen nicht mehr an mich denken, aber der Herr denkt an mich. Wer bin ich?

*Ich aber bin elend und arm, der Herr rechne es mir an. Meine Hilfe und mein Retter bist du, mein Gott, säume nicht. (Psalm 40, 18)*

# Gebete im Rhythmus des Kirchenjahres

## Zahlreich sind deine Wunder und Pläne!

Das Kirchenjahr mit seiner Abfolge von Advent, Weihnachten, Epiphanias, Fastenzeit, Karwoche, Ostern, Himmelfahrt, Pfingsten und manch anderen Festen periodisiert das Jahr und lässt uns den großen Atem der Heilsgeschichte spüren. Sein Inhalt ist zugleich historischer wie spiritueller Natur. Während das Datum der Geburt Jesu fiktiv ist, sind uns die Daten von Karfreitag, Ostern und Pfingsten durch den jüdischen Kalender und die biblischen Berichte bekannt. Das Kirchenjahr führt uns also im „Zeitraffer" durch die Geschichte Jesu auf der Erde. Zugleich leitet es uns an, unsere Erlösung zu feiern und unser Heil immer wieder neu festlich zu begehen. Es hält die Hoffnung auf das österliche Leben und die letztendliche Vollendung der Welt wach.

Die Gebete dieses Abschnitts sind der evangelischen wie der katholischen Gottesdienstliturgie entnommen. Man spürt es sofort: Hier betet nicht ein einzelner, hier ist die einzelne umfasst vom größeren „Wir" der Gemeinde. Als einzelne bergen wir uns in der Gemeinschaft der Beter und beten mit der Kirche aller Zeiten. Daher ist die Sprache dieser Gebete geformt und gestaltet. Sie will zu meiner Sprache werden. Ich kann sie auch aufbrechen und mit eigenen Worten weiterführen, wenn ich diese Texte allein bete. Aber auch dann bete ich eingefügt in die größere Gemeinschaft der Christenheit, und das kann ein großer Trost sein: Ich bin nicht allein, auch wenn es so scheint.

# Advent und Weihnachten

*Denn als alles still war und ruhte und eben Mitternacht war, fuhr dein allmächtiges Wort vom Himmel herab, vom königlichen Thron. (Weisheit 18, 14–15)*

Die Wochen vor Weihnachten sind geprägt von immer kürzer werdenden Tagen, immer längeren Nächten. In der Dunkelheit sehnen wir uns nach dem Licht. Der Schnee, der die Erde bedeckt, scheint alles in einen Winterschlaf zu hüllen. Wir Menschen verbringen mehr Zeit drinnen in unseren Häusern. In dieser dunklen Zeit wächst unsere Sehnsucht nach Gott! Wir warten auf das neue Leben und beten gemeinsam mit der ganzen Kirche: „Komm, o Herr, und säume nicht, wachend warten wir auf Dich, wachend mitten in der Nacht!"

Maria hat es uns vorgelebt wie sonst niemand. Sie war die Wachende, die Wartende, die in ihrer Sehnsucht nach Gott ganz und gar Offene! Ihr mutiges Ja des Glaubens macht die Geburt des Messias möglich. In ihr wird das Wort Fleisch. Das Unmögliche geschieht, Gottes Sohn wird als Mensch geboren und wird den Namen Jesus tragen. Mitten in der Nacht feiern wir dieses Geheimnis seiner Menschwerdung.

„Jeden Augenblick geschieht Gottes lautlose Ankunft, und des Menschen Aufgabe ist es, präsent zu sein. Seine Gegenwart wird erlebt in Augenblicken, in denen Gott nicht allein ist, in denen wir versuchen, in seiner

Gegenwart zu stehen, ihm Einlass zu gewähren in unser alltägliches Tun, bei dem wir unsere Gedanken mit dem Siegel der Ewigkeit prägen." (A. Joshua Heschel)[1]

Bleiben wir Menschen des Advents, wach für den Augenblick, wach für Sein Kommen! Voller Erwartung und Sehnsucht nach dem Offenbarwerden des menschgewordenen Sohnes Gottes, der war und der ist und der kommt!

1 Abraham J. Heschel, Gott sucht den Menschen. Eine Philosophie des Judentums, Neukirchen-Vluyn 1989, S. 241.

## Gebete im Advent

*Kyrie*

Tau aus Himmelshöhn, Heil, um das wir flehn,
Herr, erbarme dich.
Licht, das die Nacht erhellt, Trost der verlornen Welt,
Christus, erbarme dich.
Komm vom Himmelsthron, Jesus, Menschensohn,
Herr, erbarme dich.

*Evangelisches Gesangbuch, Nr. 178.6*
*= Gotteslob. Katholisches Gebet- und Gesangbuch,*
*Nr. 103*

*Tagesgebete*

Brich auf, Christus, in deiner Macht und komm:
damit wir von der Gewalt des Bösen befreit
und aus der Sünde erlöst werden.
Der du mit dem Vater und dem Heiligen Geist lebst
und regierst
von Ewigkeit zu Ewigkeit.
Amen.


Ewiger Gott,
wir warten auf Jesus Christus, deinen Sohn,
der kommt, die Welt zu richten und zu erlösen.
Gib uns die Zuversicht, dass sein Urteil gnädig ist,
und erfülle uns mit Freude auf unsere Erlösung.
Dir sei Ehre in Ewigkeit.
Amen.

*Evangelisches Gottesdienstbuch, S. 243 und S. 249*

*Präfation*

Wahrhaft würdig ist es und recht,
dass wir dich, ewiger Gott, immer und überall loben
und dir danken
durch unseren Herrn Jesus Christus.
Ihn hast du gesandt als Sohn deines Volkes Israel,
durch ihn erfüllst du alle Verheißungen der Propheten.
Durch ihn preisen die Engel deine Herrlichkeit,
durch ihn rühmt und lobt dich die ganze Schöpfung,
alle himmlischen Mächte und alle Erlösten singen dir
mit einhelligem Jubel.
Mit ihnen vereinen auch wir unsere Stimmen und
lobsingen dir voll Freude.

*Evangelisches Gottesdienstbuch, S. 244*

Gebete zu Weihnachten

*Dankgebet*

Gütiger Gott, barmherziger Vater.
In der Geburt deines Sohnes hast du allen Menschen
deine Liebe geschenkt.
Gib, dass wir sie im Glauben bewahren und der Welt
bezeugen.
Durch unseren Herrn Jesus Christus, deinen Sohn,
der mit dir und dem Heiligen Geist lebt und regiert
von Ewigkeit zu Ewigkeit.
Amen.

*Vorentwurf der Erneuerten Agende (evangelisch), Nr. 517*

*Tagesgebete*

Heiliger Gott, du lässt diese Nacht erstrahlen im
Geheimnis des wahren Lichtes:
Christus ist geboren!
Erhalte uns in diesem Licht,
bis wir einst den unverhüllten Glanz deiner Gottheit
schauen.
Durch unseren Herrn, Jesus Christus, deinen Sohn,
der mit dir und dem Heiligen Geist lebt und gepriesen
wird in alle Ewigkeit.
Amen.

Herr Jesus Christus,
du bist das wahre Licht, das allen Menschen leuchtet.
Erfülle uns mit deinem hellen Schein,
dass es in uns licht werde
und durch uns hell in aller Dunkelheit der Welt,
Licht von deinem Licht.
Du lebst und regierst mit Gott, dem Vater,
eins mit dem Heiligen Geist, in Ewigkeit.
Amen.

*Evangelisches Gottesdienstbuch, S. 255 und S. 261*

*Präfation*

In Wahrheit ist es würdig und recht,
unsere Berufung und unsere Freude,
dass wir dich, Herr, heiliger Vater, allmächtiger
ewiger Gott,
immer und überall loben und dir danken
durch unseren Herrn Jesus Christus.
Denn Mensch geworden ist er, dein ewiges Wort,
in ihm schauen wir das Licht deiner Herrlichkeit.
In ihm bist du Gott, sichtbar zu uns gekommen
und offenbarst uns, was kein Auge geschaut hat.
Darum loben die Engel deine Herrlichkeit,
beten dich an die Mächte und fürchten dich
alle Gewalten.
Dich preisen die Kräfte des Himmels mit
einhelligem Jubel.
Mit ihnen vereinen auch wir unsere Stimmen.

*Nach: Evangelisches Gottesdienstbuch, S. 258f*

# Passion und Ostern

*Und sie werden mich ansehen, den sie durchbohrt haben.*
*(Sacharja 12, 10)*

Was war das Kreuz, die Passion Jesu, seine Leiden-
schaft, die ihm Leiden schaffte? Von Anfang an ging es
ihm um die Aufrichtung des Himmelreiches, um die
Verkündigung und die Bezeugung eines liebenden
Gottes, der uns bedingungslos annimmt.
Mit aller Liebeskraft seiner Person hatte er dafür
gekämpft, dass die Seinen verstehen würden:
- nicht im Herrschen, sondern im Dienen,
- nicht im Ausschließen, sondern im Annehmen,
- nicht im Sich-Bewahren, sondern im Sich-Ver-
  schenken, im Sich-Verlieren kommt die Erlösung in
  die Welt.

Seine gewaltlose, menschenbefreiende Liebe, in der
Menschen zum Heil fanden, weckte den ganzen Widerstand und Hass seiner Gegner. Am Ende seines Lebens blieb er allein, von allen, auch von seinen besten
Freunden verlassen. Sein Traum von einer sichtbaren
Königsherrschaft Gottes auf Erden schien gestorben.
Nur wie von weitem können wir die Tiefe seiner Liebe
und darin die Tiefe seines Leidens erahnen, das er bewusst und entschieden auf sich nahm als Vollendung
seiner Bestimmung, uns alle mitzunehmen in das Heil
Gottes. So blieb er seinem Auftrag und Wesen treu bis
zum letzten Atemzug. Er diente uns, er nahm die Ohn-
macht des Menschseins in letzter Konsequenz an, Er
verschenkte sich zu unserer Erlösung. Im Sterben

konnte er weiter lieben. Er liebte sich sozusagen hindurch zu Gott, zu den Seinen, zu einer ganzen Menschheit, mit der er, der Sohn Gottes, nun auch im Tod solidarisch wurde. Die Verbindung zu seinem Gott konnte kein Tod abbrechen. Er liebte sich hindurch, durch Leiden, Sterben und den Tod hindurch und hinein in die Auferstehung. Seitdem gilt es in der Verbindung mit ihm auch für uns: Leid, das aus Liebe angenommen wird, hat Verwandlungskraft!

Vor dem Geheimnis des Gekreuzigten und Auferstandenen bleibt uns nur ehrfürchtiges Staunen und dankbare Anbetung!

Gebete in der Passionszeit

*Responsorium*

Muss ich auch wandeln im Schatten des Todes,
ich fürchte kein Unheil, du bist ja bei mir.
Durch alle Tage des Lebens wird deine Huld
mich begleiten.
Ich fürchte kein Unheil, du bist ja bei mir.
Ehre sei dem Vater und dem Sohne und dem Heiligen
Geiste.
Muss ich auch wandeln im Schatten des Todes,
ich fürchte kein Unheil, du bist ja bei mir.

*Benediktinisches Antiphonale Bd. III, S. 113f*

*Tagesgebete*

Herr Gott, himmlischer Vater,
du hast deinen Sohn in die Welt gesandt,
dass er die Macht des Bösen besiege.
Erhalte uns in allen Versuchungen
und gib uns deinen Geist,
dass wir dem Bösen widerstehen
und ihn durch dein Wort überwinden.
Im Heiligen Geist wirst du gepriesen
von Ewigkeit zu Ewigkeit.
Amen.


Gütiger Gott und Vater,
du hast deinen Sohn leiden und sterben lassen,
um uns zu erretten.
Lass uns sein Opfer bedenken
und alle Zeit in deiner Liebe bleiben,
die du in ihm offenbart hast,
deinem Sohn Jesus Christus,
der mit dir und dem Heiligen Geist lebt und regiert
in alle Ewigkeit.
Amen.

*Evangelisches Gottesdienstbuch, S. 295 und S. 305*

Unerforschlicher Gott,
dein Sohn hat nach deinem Willen den Fluch des
Kreuzes auf sich genommen
und so die Macht des Verderbens zerbrochen:
Erwecke uns durch seinen Tod zum Leben.
Das bitten wir durch ihn, unseren Herrn Jesus
Christus.
Amen.

*Evangelisches Gottesdienstbuch, S. 313*

*Dankgebet nach dem Abendmahl*

Gütiger Gott,
durch das Opfer Jesu Christi am Kreuz hast du uns
mit dir versöhnt.
Hilf uns, in der Kraft dieser Speise
den alten Menschen in uns zu überwinden
und ein neues Leben zu führen.
Durch unseren Herrn Jesus Christus, deinen Sohn,
der mit dir und dem Heiligen Geiste
lebt und regiert von Ewigkeit zu Ewigkeit.
Amen.

*Vorentwurf zur Erneuerten Agende, Nr. 522*

Herr, heiliger Gott,
erhalte uns im Gehorsam deines Wortes
und behüte uns,
dass wir unser Herz nicht verschließen,
wenn deine Stimme uns ruft.
Denn du allein errettest vom Tode und erweckst
zum Leben.
Wir bitten dich durch unsern Herrn Jesus Christus,
der mit dir in der Einheit des Heiligen Geistes
lebt und herrscht in alle Ewigkeit.
Amen.

*Vorentwurf zur Erneuerten Agende, Nr. 525*

Gebete zu Ostern

*Kyrie*

Der am Kreuze starb und uns Heil erwarb,
Herr, erbarme dich.
Sieger im Todesstreit, König der Herrlichkeit,
Christus, erbarme dich.
Der den Tod bezwingt und das Leben bringt,
Herr, erbarme dich.

*Evangelisches Gesangbuch, Nr. 178.7*

*Tagesgebete*

Du wunderbarer Gott,
dein Licht scheint in die Nacht,
dein Leben überwindet den Tod,
dein Wort durchdringt die Mauern des Grabes.
Komm zu uns, wecke uns, ruf uns ins Leben.
Dir sei Ehre in Ewigkeit.
Amen.

*Evangelisches Gottesdienstbuch, S. 317*

Herr, du Schöpfer und Heiland allen Lebens.
Du hast in der Auferstehung deines Sohnes
die Gewalt des Todes gebrochen
und aller Welt das wahre Leben erschlossen.
Wir bitten dich:
Erwecke in uns Freude auf deine Zukunft
und gib uns einst das vollkommene Heil.
Durch unsern Herrn Jesus Christus,
der mit dir und dem Heiligen Geiste
lebt und regiert von Ewigkeit zu Ewigkeit.
Amen.

*Vorentwurf zur Erneuerten Agende, Nr. 528*

*Präfation*

Wahrhaft würdig ist es und recht,
dass wir dich, Herr, heiliger Vater, ewiger Gott,
zu allen Zeiten und an allen Orten loben und dir danken
und dich in dieser österlichen Zeit mit festlichem Jubel
preisen,
denn geopfert ist unser Osterlamm, Christus.
Durch ihn hast du hinweggenommen die Sünde der Welt,
sein Sterben lässt du für uns zum Sieg werden über den
Tod,
in seiner Auferstehung schenkst du uns wieder das Leben.
Darum jubelt der ganze Erdkreis in österlicher Freude,
es preisen dich die himmlischen Mächte und die Scharen
der Engel.
Vereint mit ihnen und mit allen, die uns vorangegangen
sind im Glauben,
singen wir das Lob deiner Herrlichkeit.

*Evangelisches Gottesdienstbuch, S. 320f*

# Himmelfahrt und Pfingsten

*Er ist aufgefahren zur Höhe und hat Gefangene mit sich geführt und hat den Menschen Gaben gegeben. (Epheser 4, 8, nach Psalm 68, 19)*

Zwei Feste, zu denen wir heute einen ganz neuen Zugang brauchen: Himmelfahrt und Pfingsten. Das gilt besonders für das erste.

Was bedeutet es, dass Jesus nach seiner Auferstehung in den Himmel aufgenommen wurde? „Himmel" heißt dabei gewiss nicht „Weltraum". „Himmel" ist der Ort, wo Gott wohnt, wo die Liebe ist. Der Sohn Gottes kehrt zurück, nachdem er seinen Auftrag auf der Erde erfüllt hat. Aber das Fest der Himmelfahrt Jesu bedeutet viel mehr. Die frühen Christen sahen darin erstens das Thronbesteigungsfest Jesu. Nachdem er auf Erden den Feind überwunden hat, wird er nun im Himmel eingesetzt zum Herrscher der Welt – auch der unsichtbaren Welt. Ein Ruck geht durch Himmel und Erde, wenn der König Jesus den Thron besteigt.

Und das zweite: Der Sieger verteilt seine Beute. So hat Paulus Psalm 68,19 verstanden: „Er ist aufgefahren zur Höhe und hat Gefangene mit sich geführt und hat den Menschen Gaben gegeben." (*Epheser 4, 8*) Darunter versteht er den Heiligen Geist mit seinen vielfältigen Gaben, mit denen er uns Menschen beschenkt. Das Bild hinkt ein wenig, aber das macht nichts. Der Heilige Geist ist für uns schon jetzt die Teilhabe am Sieg, die Anzahlung unseres Erbes im Himmel, seine

Ausgießung die erste „Regierungstat" Jesu, nachdem er seinen Thron bestiegen hat.

Darum sind diese beiden Feste von einem Ton der Siegesfreude getragen, von einem Jubel, der schon die endgültige Vollendung im Blick hat, von einem Gefühl des Triumphes trotz all der Hinfälligkeit, die uns noch umgibt, weil es nur noch eine Frage der Zeit ist, bis die Königsherrschaft Jesu offenbar wird und alles erfüllt. Wem das Herz davon voll ist, dem geht der Mund über und er kann nur singen, loben und preisen.

*Kyrie*

Send uns deinen Geist, der uns beten heißt,
Herr, erbarme dich.
Lass uns als Waisen nicht, zeig uns des Trösters Licht,
Christus, erbarme dich.
Dass das Herz entbrennt, deinen Weg erkennt,
Herr, erbarme dich.

*Evangelisches Gesangbuch, Nr. 178.8*

*Tagesgebete*

Allmächtiger Gott,
dein eingeborener Sohn, unser Erlöser,
ist aufgefahren in den Himmel.
Nimm auch uns einst auf in dein himmlisches Reich,
dass wir seine Herrlichkeit schauen
und uns seiner Herrschaft freuen.
Der mit dir und dem Heiligen Geist lebt und regiert
in alle Ewigkeit.
Amen.


Ewiger Gott,
du regierst in Weisheit und Güte.
Sende uns deinen Geist und lenke uns nach
deinem Willen,
dass wir dir mit aufrichtigem Herzen dienen.
Durch unseren Herrn Jesus Christus, deinen Sohn,
der mit dir in der Einheit des Heiligen Geistes
lebt und herrscht in alle Ewigkeit.
Amen.

*Evangelisches Gottesdienstbuch, S. 337 und S. 339*

Lieber Vater im Himmel,
du hast deine Liebe ausgegossen in die Herzen deiner
Kinder durch den Heiligen Geist.
Belebe uns durch seine Schöpferkraft
und hilf uns durch seinen Trost.
Darum bitten wir durch unsern Herrn Jesus Christus,
deinen Sohn,
der mit dir in der Einheit des Heiligen Geistes
lebt und wirkt in Ewigkeit.
Amen.

*Evangelisches Gottesdienstbuch, S. 341*

*Präfation*

Heilsam ist es und gut, dein Lob zu singen,
du Gott des Lebens,
zu allen Zeiten und an jedem Ort,
vor allem aber an diesem Tag,
an dem du das österliche Geheimnis vollendet hast.
Du hast deinen Geist ausgegossen
über deine Söhne und Töchter,
über Junge und Alte,
damit sie Menschen aus allen Völkern rufen zu
deiner Gnade.
Darüber freut sich der ganze Erdkreis
und die Völker rühmen dich in allen Sprachen
im Bekenntnis des einen Glaubens.
Wir preisen dich mit allen,
die dein Geist erfüllt hat von Anbeginn der
Menschheit
und stimmen ein in den Lobgesang deiner Engel.

*Evangelisches Gottesdienstbuch, S. 342f*

# Gebete im Rhythmus der Woche

**Deine Güte und Treue werden mich immer behüten!**

Es gleicht nicht ein Tag dem anderen. Alle Arbeit-nehmer wissen es: Montag „fühlt" sich anders an als Freitag. Die liturgische Gebetstradition der Christen gibt jedem Tag von seinem biblischen Bezug her einen besonderen Akzent. So erinnert z. B. der Sonntag – biblisch-kirchlich der erste Tag der Woche – an die Schöpfung, an die Erschaffung des Lichts und an die Auferweckung Jesu, der das Licht der Welt ist (vgl. Johannes 8, 12). Der Freitag bringt den Todestag Jesu, den Karfreitag, in Erinnerung, und der Samstag lässt uns an den Sabbat denken, an die große erfüllte Ruhe bei Gott.

Auch die Fürbitten im Abendgebet bei uns haben dementsprechend unterschiedliche Themen:

Montag:        Völker, Länder, Regierungen
Dienstag:      Familie, Schule, Beruf
Mittwoch:      Unsere Nächsten; Diakonie
Donnerstag:  Die weltweite Kirche

### Die Abschlussgebete

*Montag*

Herr Jesus Christus, wir danken Dir, dass Du Herr aller Menschen und Völker bist. Unter Deiner Herrschaft wachse Gerechtigkeit und Liebe. So komm und mach aller Not ein Ende! In Deine Hände befehlen wir uns für diesen Abend. Und alle, die sich um das Gute bemühen. Und auch die anderen. Amen.

*Dienstag*

Lieber Vater im Himmel, Du hast uns aufgenommen in Deine große Familie. Wir danken Dir für die Gemeinschaft mit Dir und untereinander. Hilf uns, dass wir nicht müde werden, um Deiner Liebe willen daran zu arbeiten. Das bitten wir im Namen Jesu. Amen.

*Mittwoch*

Gnädiger und barmherziger Gott, Du bist in Jesus, Deinem Sohn, unser Nächster geworden und hast uns gedient in unserer Not und in unserer Schuld. Hilf uns, diese Liebe weiterzugeben an alle, die ihrer bedürfen, durch Jesus Christus, unseren Herrn. Amen.

*Donnerstag*

Lieber himmlischer Vater, Dein Evangelium läuft durch Raum und Zeit und hat auch uns erreicht. Wir danken Dir dafür. Lass uns heute Abend dankbar werden für Deine Gegenwart und Liebe, für Dein Wort und für den Dienst, den Du uns aufgetragen hast. Darum bitten wir durch Jesus Christus, unseren Herrn. Amen.

Der **Freitagabend** ist dem **Sabbatbeginn** gewidmet. Nach biblischer Rechnung beginnt ein Tag am Vorabend. So begrüßen wir im Abendgebet am Freitag den Sabbat und bekennen uns damit zu Israel, dem ersterwählten Bundesvolk Gottes.

**Aus der Sabbat-Liturgie**

Breite Deinen Gottesfrieden als Schutz und
Beschirmung über uns.
Gelobt seist Du, Gott,
der seinen Frieden breitet über uns,
über Deine Kirche,
über das Volk Israel
und über Jerusalem.


O dass Du in Deiner Größe geheiligt werdest
in Deinem Volk und in der Gottesstadt Jerusalem
für alle Zeiten in Ewigkeit.
O dass unsere Augen Dein göttliches Königreich
schauen mögen.
Amen.

*Nach: Gebetbuch der Israeliten, S. 146 und S. 172*

Am **Samstagabend** begrüßen wir den **Sonntag**. Diese Feier ist einer jüdischen Sabbatbegrüßung nachgestaltet und wird deshalb in den Häusern mit der ganzen Familie am gedeckten Tisch gefeiert.

### Aus der Liturgie zur Sonntagsbegrüßung

*Segen über dem Licht*

Gepriesen bist Du, Herr unser Gott.
Du hast am ersten Tag das Licht erschaffen,
und Du hast Deinen Sohn, das Licht der Welt,
auferweckt,
um eine neue Schöpfung zu beginnen.
Gepriesen bist Du, Herr unser Gott, König der Welt.
Du schenkst uns Freude, das Licht für den Tag des Herrn zu entzünden.

*Heiligung des Sonntags*

Gepriesen bist Du, Herr unser Gott, für diesen Tag,
der uns an die Erlösungstat Deines Sohnes erinnert.
Wir begrüßen den Sonntag mit Freude
und weihen ihn der Feier seiner Auferstehung
und der neuen Schöpfung, die in ihm begonnen hat.

Herr, unser Gott, Du hast uns in Jesus Christus
zur Ruhe gebracht.
Nun leben wir mit ihm durch den Heiligen Geist
und freuen uns auf den Tag,
an dem wir mit ihm in Deinem ewigen Königreich
wohnen werden.

Gepriesen bist Du, Herr unser Gott, König der Welt,
der Du uns mit dem Geschenk des Sonntags erfreust.
Amen.

# Gebete im Rhythmus der Tageszeiten

Wohl dem, der auf den Herrn sein Vertrauen setzt!

An den Wendepunkten des Tages treffen wir uns in Gnadenthal zum Gebet:
morgens, bevor der Tag so richtig beginnt,
mittags, auf der Höhe des Tages,
abends nach Abschluss der Arbeit und
vor dem Schlafengehen. Wenn die Zeit sich „wendet" und wir einen neuen Abschnitt beginnen, beten wir gemeinsam – daher die Bezeichnung „Tagzeitengebet".

Wenn sich die Nacht zum Tage wandelt und uns das Licht neu geschenkt wird, preisen wir Gott und loben Jesus, das Licht der Welt. Wir nehmen den Tag in den Blick, unsere Arbeit und unsere Aufgaben, und bitten um Gottes Segen für all unser Tun und Lassen. – Wenn der Tag sich zur Nacht wendet, wenn das Licht schwindet und die Dunkelheit fällt, vertrauen wir uns wiederum Gott an. Wir danken ihm für alles, was der Tag brachte, und wir übergeben uns ihm für die Zeit des Schlafes, wenn wir uns selbst nicht mehr bewusst kontrollieren können. Dann möge Gott seine Hand über uns halten, uns bewachen und bewahren.

Tag und Nacht haben aber für den biblischen Menschen auch sinnbildliche Bedeutung.
Die Nacht symbolisiert die Macht der Finsternis und ist auch ein Abbild des Todes, wenn wir endgültig alle Kontrolle über unser Leben aus der Hand legen müssen. Die alte Kirche nannte darum den Schlaf den „kleinen Bruder des Todes". Aber auch und gerade dann wird Gottes Hand uns halten und uns in Ihm bewahren. – Der Morgen dagegen zeigt die Auferstehung an. Auch

und gerade hier ist Jesus das Licht der Welt. In ihm sind die Nächte unseres irdischen Daseins überwunden, in ihm ist das Dunkel des Todes überholt von dem „Licht, das keinen Abend hat" (vgl. Sacharja 14,7), das heißt, das nicht mehr versinkt und in Nacht übergeht, sondern ewig leuchtet.

# Morgenlob und Eucharistie (Abendmahl)

Die erste Stunde des Tages gehört Gott. Noch bin ich müde und schwer. Aber liebevoll geleitet mich Gott in den Tag. Wie ganz anders verläuft dieser, wenn er von Gottes Wort geprägt ist. Ich muss nicht als erstes um meine Aufgaben und Probleme kreisen, sondern darf mein Leben Gott hinhalten und von ihm her verstehen. Ich darf die Wahrheit aufnehmen, die allein aus Gottes Mund kommt. Jeden Morgen neu möchte ich mich von ihm prägen lassen, seine Botschaft hören und mehr und mehr darin „wohnen".

Ja, aus Liebe zu seinem Geschöpf schenkt sich Gott ganz und gar. Er will sich selbst uns zur Speise geben. Die göttliche Liebe kommt uns in Brot und Wein ganz nahe. Bevor wir etwas tun, etwas leisten, werden wir beschenkt. Und darin sind wir auch miteinander verbunden. Das Abendmahl, die Eucharistie, ist so auch das Mahl der Einheit. Es vereint uns alle in der Liebe Jesu. Gemeinsam stehen wir um den Altar, als die Bedürftigen, die Jesus mit sich selbst beschenkt.

*Das „Benedictus", der Lobgesang des Zacharias*
*(vgl. Lukas 1, 67–79)*

Gelobt sei der Herr, der Gott Israels!
Denn er hat besucht und erlöst sein Volk
und hat uns aufgerichtet eine Macht des Heiles
im Hause seines Dieners David

– wie er vorzeiten geredet hat
durch den Mund seiner heiligen Propheten –,
dass er uns errettete von unsern Feinden
und aus der Hand aller, die uns hassen,

und Barmherzigkeit erzeigte unsern Vätern
und gedächte an seinen heiligen Bund
und an den Eid, den er geschworen hat unserm
Vater Abraham,
uns zu geben, dass wir, erlöst aus der Hand
unsrer Feinde,
ihm dienten ohne Furcht unser Leben lang
in Heiligkeit und Gerechtigkeit vor seinen Augen.

Und du, Kindlein, wirst ein Prophet des Höchsten
heißen.
Denn du wirst dem Herrn vorangehen, dass du
seinen Weg bereitest
und Erkenntnis des Heils gebest seinem Volk
in der Vergebung ihrer Sünden,

durch die herzliche Barmherzigkeit unseres Gottes,
durch die uns besuchen wird das aufgehende Licht
aus der Höhe,
damit es erscheine denen, die sitzen in Finsternis und
Schatten des Todes,
und richte unsere Füße auf den Weg des Friedens.

Gott aber sei Dank, der uns in Christus allezeit trium-
phieren lässt. Er ist es, der in unseren Herzen aufstrah-
len lässt die Herrlichkeit des Herrn, in dessen Bild wir
verwandelt werden durch seinen Geist.
*(Vgl. 2. Korintherbrief 2, 14; 3, 18)*

Herr, ich bin nicht würdig, dass du eingehst unter mein
Dach, aber sprich nur ein Wort, so wird meine Seele
gesund.
*(Vgl. Matthäus 8, 8)*

# Mittagsgebet

In der Mitte des Tages tragen wir im Gebet die Welt zur Mitte: Jesus Christus, die geheime Mitte der Schöpfung und aller Kreatur. Wir stehen im Halbkreis um den Altar. Sind wir auch noch so verschieden und haben – in dieser Aufstellung buchstäblich – verschiedene, ja gegensätzliche Stand-Punkte, die Ausrichtung auf die Mitte vereint uns. Vom Mittelpunkt her wird jeder Ort in sein Recht gesetzt und ins Ganze gefügt und hat so seinen sinnvollen Platz.

Die letzte Bitte Jesu um das Eins-Sein der Glaubenden ist auch unser Gebet in dieser Stunde. Von ihm her fügt sich der Bau der Kirche zum Ganzen, in dem Er der Schlussstein ist. Das Gebet um die Einheit ist im Grunde die Bitte um das Kommen des Reiches Gottes und eine Bitte um den Heiligen Geist. Möge er alle äußeren Ordnungen und Strukturen durchwirken und erfüllen!

*Gebet*

Herr Jesus Christus,
wir beten Dich an und danken Dir,
denn durch Deinen Opfertod am Kreuz hast Du
die Welt erlöst.

Dein versöhnendes Blut komme über uns und
unsere Kinder,
über alle Menschen,
an allen Orten,
in allen Ständen,
mit allen ihren Anliegen,
über Israel, Dein altes Bundesvolk,
und das Land seines Erbes,
und über die ganze,
nach Freiheit seufzende Kreatur!

Dein versöhnendes Blut
erneuere unser Verhältnis zu Dir und zueinander.

Vereine uns alle mit Dir und miteinander
in der unzertrennlichen Gemeinschaft der Liebe
Deines Herzens,
die alle und alles umfasst –

zur Ehre Gottes des Vaters,
zum Kommen seines Reiches,
zu aller Heiligen und der Engel Freude,
und zu unserem ganzen Heil
an Leib, Seele und Geist,
mit Hab und Gut,
in Vergangenheit, Gegenwart und Zukunft,

dass der Wille des Vaters geschehe
wie im Himmel so auf Erden.
Amen.

*(Nach: Bruderschaft vom gemeinsamen Leben)*

# Abendgebet

Der Abend lädt uns ein, Gott im Lob der Psalmen anzubeten und in der Fürbitte die Welt und ihre Menschen ihm anzubefehlen.

Wenn wir als Gemeinschaft mit eigenen Formulierungen beten, stoßen wir bald an Grenzen: Wir sind müde, es fehlen uns die rechten Worte, oder wir beten immer dasselbe. Die Psalmen nehmen uns mit hinein in ein Beten, das den Reichtum von Jahrtausenden enthält und uns Worte von einer Tiefe schenkt, die uns selbst nicht so leicht zur Verfügung stehen. Wir beten mit den Betern Israels, wir werden mit hineingenommen in das Beten der Kirche, wir sind Teil des betenden Gottesvolkes.

In der Fürbitte nehmen wir die Last der Menschen auf uns und tragen die Anliegen zu Gott, der allein helfen kann und jeden kennt. Wir beten für die Völker und ihre Regierungen, für die Kirche und die Verkündigung des Wortes Gottes, für unsere Nachbarn und Nächsten, die Arbeitskollegen, für Familie und Beruf. Bei Gott hat die ganze Welt Platz. Nur einen ganz kleinen Teil davon können wir erfassen und ins Gebet bringen. Gott ist nicht auf unsere Worte angewiesen. Aber er trägt alle Menschen auf seinem Herzen und freut sich, wenn wir nach unseren Möglichkeiten daran teilnehmen.

*Das „Phos hilarion", das älteste nach-neutestamentliche Lied der Christenheit, das wir kennen*

Heiteres Licht der Herrlichkeit des unsterblichen Vaters,
des himmlischen, heiligen und seligen Jesus Christus!

Da wir gekommen sind beim Untergang der Sonne,
das Abendlicht zu schauen,
preisen wir Dich, Gott Vater, Sohn und Heiligen Geist.

Wahrhaft würdig ist es, Dich allezeit zu preisen,
o Sohn Gottes, Du Lebensspender,
den das Weltall verherrlicht.

*Das „Magnificat", der Lobgesang der Maria*
*(vgl. Lukas 1, 46–55)*

Meine Seele erhebt den Herrn,
und mein Geist freut sich Gottes, meines Heilandes;

denn er hat die Niedrigkeit seiner Magd angesehen.
Siehe, von nun an werden mich selig preisen alle
Kindeskinder.

Denn er hat große Dinge an mir getan,
der da mächtig ist und dessen Name heilig ist.

Und seine Barmherzigkeit währt von Geschlecht
zu Geschlecht
bei denen, die ihn fürchten.

Er übt Gewalt mit seinem Arm
und zerstreut, die hoffärtig sind in ihres Herzens Sinn.
Er stößt die Gewaltigen vom Thron
und erhebt die Niedrigen.

Die Hungrigen füllt er mit Gütern
und lässt die Reichen leer ausgehen.
Er gedenkt der Barmherzigkeit
und hilft seinem Diener Israel auf,
wie er geredet hat zu unsern Vätern,
Abraham und seinen Kindern in Ewigkeit.

# Nachtgebet (Komplet)

Der Tag ist vollendet: Wir beten die Komplet, das bedeutet wörtlich „Abschluss". Wie wir den Tag begonnen haben, so beenden wir ihn. Was gewesen ist, was wir erlebt und getan haben, was uns gefreut, aber auch, was uns geschmerzt, geärgert, geängstigt hat, legen wir zurück in Gottes Hände. Dort ist es gut aufgehoben. Durch die Weise, wie wir den Tag beenden, bestimmen wir auch den Beginn des neuen. Und im Schweigen der Nacht kommen wir bei Gott zur Ruhe.

Du bist in unserer Mitte, und wir heißen nach deinem Namen. Verlass uns nicht, Herr, unser Gott.
*(Jeremia 14, 9)*

*Responsorium*

In deine Hände, Herre Gott, befehle ich meinen Geist.
Du hast uns erlöst, Herr, du treuer Gott.
Dir befehle ich meinen Geist.
Ehre sei dem Vater und dem Sohne und dem Heiligen Geiste.
In deine Hände, Herre Gott, befehle ich meinen Geist.

*Evangelisches Gesangbuch, Nr. 786.7*

*Das „Nunc dimittis", der Lobgesang des Simeon*
*(vgl. Lukas 2, 29–32)*

Herr, nun lässt du deinen Diener in Frieden fahren,
wie du gesagt hast;

denn meine Augen haben deinen Heiland gesehen,
den du bereitet hast vor allen Völkern,
ein Licht, zu erleuchten die Heiden
und zum Preis deines Volkes Israel.


*Schlussgebet*

Wir bitten dich, Herr: Kehre gnädig ein in unsere Häu-
ser (dieses Haus) und treibe fern von uns alle List des
Feindes. Lass deine heiligen Engel bei uns wohnen,
dass sie uns im Frieden bewahren, und dein Segen sei
immerdar über uns durch unsern Herrn Jesus Christus, deinen Sohn, der mit dir und dem Heiligen Geist
lebt und regiert von Ewigkeit zu Ewigkeit. Amen.

*Evangelisches Gesangbuch, Nr. 786.14*

Um neun Uhr soll man sich zum Gebet erheben und die Brüderschaft versammeln …
Dabei sollen sie sich an die Herabkunft des Heiligen Geistes erinnern, der zur dritten Stunde den Aposteln geschenkt wurde.
Einmütig sollen sie ihn anbeten, damit auch sie gewürdigt werden, an der Heiligung Anteil zu erlangen, dass er sie leite und zu dem hinführe, was ihnen nützlich ist.

*Basileios der Große (330–379),*
*aus den Längeren Regeln 37,3*


Heiliger Geist,
Du erfüllst die Engel, heiligst die Gewalten und belebst alles.
Du teilst Dich in je verschiedener Weise der ganzen Schöpfung mit.

Du schenkst uns die Gnade,
Du erleuchtest uns zur Erkenntnis Gottes,
Du vollendest die Gerechten,
machst die Toten lebendig
und Fremdlinge zu Kindern Gottes.
Durch Dich werden die Schwachen stark,
die Armen reich,
die Unmündigen und Ungebildeten weiser als die Gelehrten.

Du bist im Himmel und erfüllst die Erde,
Du bist überall zugegen und nirgends kennst Du
Schranken.
Du wohnst in jedem Menschen und bist ganz Gott.

Wir bitten Dich:
Nimm Wohnung in unseren Herzen und
verlass uns zu keiner Zeit.
Amen.

*Nach: Basileios der Große*


Atme in mir, du Heiliger Geist,
dass ich Heiliges denke.

Treibe mich, du Heiliger Geist,
dass ich Heiliges tue.

Locke mich, du Heiliger Geist,
dass ich Heiliges liebe.

Stärke mich, du Heiliger Geist,
dass ich Heiliges hüte.

Hüte mich, du Heiliger Geist,
dass ich das Heilige nimmer verliere.
Amen.

*Augustinus (354–430) zugeschrieben*

Komm, Heiliger Geist, und entzünde unsere Herzen
in Liebe zu dir.
Komm, du Geist der Kraft, und bewege unsere Seelen,
dass sie hungern und dürsten nach dir.

Erfülle mit deiner Gegenwart die Kirche, dass dein
Friede nicht von ihr weiche.
Segne in ihr jede Verkündigung des Wortes,
jeden Dienst der Liebe, jedes Amt der Leitung.
Schenke uns für die Erneuerung deiner Kirche
Weisheit, Zucht und Frieden.

Du Tröster in aller Not, erbarme dich über uns;
wende deinen Segen nicht von uns ab;
und tue mehr, als wir zu bitten vermögen.
Amen.

*Gerhard Tersteegen (1697–1769)*

Du Heiliger Geist des lebendigen Gottes,
durch den Glauben darf ich jetzt dankbar erkennen,
dass du in mir gegenwärtig bist.

In der Tiefe meines Wesens,
tiefer als meine Gedanken,
tiefer als meine Gefühle,
tiefer als mein Wille
hast du Wohnung genommen.

Ich preise dich, ich bete dich an,
ich liebe dich, ich danke dir,
dass du dich dazu herabgelassen hast,
in meinem Leib zu wohnen,
ja, dass du ihn sogar deinen Tempel nennst.

Vor allem danke ich dir,
dass du mir den Herrn Jesus Christus, meinen
Heiland, geoffenbart hast
und mir alle Segnungen seines Sühnetodes zugeeignet
hast.

Ich möchte mich nun für diesen neuen Tag
deinem Vorhaben mit mir und deiner Führung ganz
und gar ausliefern.

Leite mich und bereite mich auf jegliche
Gelegenheit vor,
deine mächtige Kraft zu erfahren.
Lege mir heute mein besonderes Kreuz auf,
meine besondere Gelegenheit, dem Ich abzusterben,
damit Jesus Christus in mir leben kann.

Lass mich ein Kanal der Liebe und der Heilung,
der Kraft und des Segens für jeden werden,
den du mir heute in den Weg stellst und begegnen
lässt.

Das alles, o Heiliger Geist, geschehe,
dass unser liebender Vater im Himmel verherrlicht
werde
und heute an mir sein Wohlgefallen habe.
Amen.


*Nach: Larry Christenson, The Magnificent
Paradox, S. 131*

# Gebete für verschiedene Anlässe

## Meine Hilfe und mein Retter bist du!

So sehr wir Menschen auf Ordnung, auf Disziplin, und feste Zeiten angewiesen sind, so sehr brauchen wir auch die Spontaneität des Herzens, die außerhalb einer liturgischen Ordnung das eigene Gebet zum Himmel schickt. Darum möchten wir mit den folgenden persönlichen Gebeten alle einladen, die eigene Sprache vor Gott zu finden und sich in allen Lebenssituationen in ihm festzumachen mitten im Fluss der Zeit.

## Lob und Anbetung

Vater aller Schöpfungen,
vor meinem Fenster
bewegen sich die Grashalme im Wind,
sie neigen sich wie im Tanz
und richten sich wieder auf.
Gepriesen seist Du für Deinen Heiligen Geist,
der mein Innerstes bewegt,
so wie der Windhauch das Gras …
Dir neige ich mich zu, staunend, anbetend,
und Du, Du richtest mich auf, immer wieder neu!


Mein Leben sei ein Lied der Liebe,
und Du Gott – die Melodie,
Jesus, der Gesang in meinem Herzen.
Du hast in zärtlichem Erbarmen meine Seele
angerührt
und nun muss ich singen, immer singen …

## Dank

Danke für das Rauschen des Meeres,
für den Duft der Rapsfelder,
für den köstlichen Saft der Äpfel,
für die Farbe der Mohnblume,
für die Wärme der Sonne, die mein Gesicht berührt.
Danke, dass ich auf Deiner Erde leben darf. Danke!


Danke für den Freund an meiner Seite,
der nicht müde wird, mir zuzuhören,
der mir ehrlich sagt, was er von mir denkt,
der mir hilft, mich selbst besser zu verstehen,
der mit mir schweigt, wenn ich leide,
der mit mir jubelt im Glück!
Danke für die große Gabe der Freundschaft!

Danke für Deinen Namen, den Du auf uns gelegt hast,
wie einen Mantel.
Nun sind unsere Namen verborgen in Deinem,
nun sind unsere Namen verbunden mit Deinem,
Jesus, Jesus,
Heil und Rettung aus Gott.
Nun ist unser Leben verborgen in Deinem,
nun ist unser Leben verbunden mit Deinem,
Jesus, Jesus,
Du, die Mitte, das Licht!

## Bitte

Du darf ich zu Dir sagen,
Du siehst mich hier stehen auf dem Hof.
Ich sehe dem alten Mann und dem kleinen Kind zu.
Sie spielen miteinander.
Alles um sich herum scheinen sie vergessen zu haben.
Sie sind Auge in Auge nur füreinander da,
ganz präsent der eine für den anderen.
So lass doch auch mich Auge in Auge Dir begegnen,
ganz präsent sein für Dich,
pures Da-Sein, Dir Du-Sein.


Jesus,
ich stehe zwischen Todfeinden
und spüre den Hass des einen
und die tiefe Ablehnung des anderen.
Hilf mir, denn ich fühle mich selbst zerrissen,
aufgebrochen, wie der Graben,
der zwischen ihnen klafft.
Nur Du kannst Unmögliches möglich machen,
nur Du kannst Feindschaft verwandeln
in Liebe!
Erbarme Dich unser aller!

Gütige Quelle der Güte,
gütiger Heiliger Geist,
überflute Du mein Leben,
brich Du auf im Innersten,
komm, Du Quelle aller Güte,
gütiger Heiliger Geist!

Tröstende Quelle des Trostes,
tröstender Heiliger Geist,
überflute Du mein Leben,
brich Dir Bahn im Innersten,
komm, Du Quelle allen Trostes,
tröstender Heiliger Geist!

Vater, alle Welt spricht von Vernetzung,
von Verbindung rings um diesen Globus,
doch die Netze der Gemeinschaften und der Familien
zerreißen,
Verbindungen zerbrechen,
und viele fallen durch die weit gewordenen Maschen.
Bitte hilf uns, das Netz der Liebe immer neu zu knüpfen
und da, wo wir stehen, in Verbindung zu bleiben mit Dir
und mit denen, die Du uns anvertraut hast.

## Vor einem schwierigen Gespräch

Vater, bitte gib mir Deine Weisheit und Deine Liebe
für die Menschen, mit denen ich jetzt sprechen werde.
Hilf mir, zuzuhören in großer Offenheit,
hilf mir, nicht an meinen eigenen Vorstellungen
und Meinungen festzuhalten.
Komm Du zum Zug in mir und in unserer Mitte!
Schaffe Klarheit durch Deinen Heiligen Geist!

### Bitte um Versöhnung und die Gnade der Umkehr

Vater, ich bin erschrocken über die Gewalt, die in mir ist,
über die Wut, die ich rausgelassen habe,
über die Worte, mit denen ich den Anderen verletzt und
gedemütigt habe.
Bitte verzeih mir und gib mir die Kraft, meinen Nächsten
um Vergebung zu bitten.


Wie oft weiche ich Dir aus, Herr,
weil ich Deinem Blick nicht standhalten kann.
Nur aus den Augenwinkeln schaue ich Dich an
und bin gleich wieder weg.
Wie soll ich Dich ertragen,
die Reinheit Deines Wesens –
und in Deiner heiligen Gegenwart
die Dunkelheit,
die Unbeständigkeit,
die Auflehnung
und den Trotz meines eigenen Herzens erkennen?
Ich will zu Dir zurück und will es doch nicht.
Zu Dir flehe ich:
Bring Du selbst mich zu Dir zurück! Vergib mir!

Lieber Herr Jesus Christus,
an diesem Abend beginnst Du
Deinen Weg zurück zum Vater zu gehen,
von dem Dich nie etwas trennte.
Uns diesen Weg zu bahnen,
hat Dich alles gekostet.
Nimm auch uns mit zurück zu Deinem und zu
unserem Vater.

So oft lassen wir uns nicht genug erschüttern durch
die Schuld.
Wir leiden nicht darunter,
besonders wenn wir sie nicht selbst auf uns geladen
haben.
Wir lassen unsere Geschwister mit ihrer Schuld allein
und erheben uns über sie.
Doch wenn wir jetzt mit Gebet und Bekenntnis
vor Dich treten so flehen wir zu Dir:
Schenke uns die Gnade der Umkehr,
führe uns selbst zu Dir zurück,
so werden wir zu Dir zurückkehren.
Erneuere unsere Tage,
dass sie werden wie die Tage der ersten Liebe.

## Klage

Mein Herz ist unruhig wie ein flatternder Vogel,
es packt mich die Angst und ich weiß nicht wovor?
Führe Du mich heraus, o Gott,
und bringe mich wieder ins Lot – tief innen.


Manchmal erschrecke ich, Herr,
wenn ich in das Gesicht meines Nächsten sehe.
Es wirkt so verschlossen und hart,
ich finde keinen Zugang zu seinem Herzen.
Und doch sehne ich mich nach Offenheit,
nach Begegnung.
Sage mir doch, was soll ich tun?


Schon so lange rufe ich zu Dir
und bekomme keine Antwort.
Ich weine und klage,
denn mein Schmerz ist groß,
die Einsamkeit nagt an meiner Seele.
Doch Du tröstest mich nicht.
Sag mir, o Gott, hörst Du mich?
Und dennoch werde ich weiter zu Dir rufen,
denn ich glaube an Deine Zusage:
Ich bin der Dich Hörende!

## Am Morgen

Jeden Tag machst Du, Halleluja, o Herr!
An diesem Morgen fliegt mein Dank zu Dir,
mein Schöpfer und Vater! Ich juble Dir zu
an diesem Morgen geb ich neu mich hin,
lass mich in Dir bleiben diesen ganzen Tag.

Danke für Dein Wort, das an diesem Morgen mein
Herz erreicht hat,
das zum Band der Liebe geworden ist zwischen Dir
und mir.
Hilf mir, es heute zu bewahren – wie einen Schatz,
mich daran auszurichten – wie an einem Kompass,
mit ihm meinen Weg zu gehen – wie an einem
Wanderstab,
daraus zu schöpfen – wie aus einer Quelle,
damit andere zu speisen – wie mit Himmelsbrot
und schließlich zu erleben – wie es sich in mir erfüllt;
denn alles, was Du sagst, wird geschehen.

Ich singe Dein Lob in den Tag hinein,
ich singe Dein Lob, Gott Vater mein!

Dich will ich preisen mit meinem Liede,
Dir will ich schenken all meine Liebe.

Dich will ich anschaun und still anbeten,
niemals aus Deiner Gegenwart treten.

Dich will ich rühmen in dunklen Zeiten
und froh zu Dir die Hände ausbreiten.

Will mit Dir tun die kleinen Dinge,
dass daraus stündlich Dein Name klinge.

## Am Abend

Nun wird es endlich still um mich herum,
das Licht des Tages ist verschwunden
und die Dunkelheit ruft mich nach innen.


Es ist nicht still – da drinnen,
noch lärmend, laut so viele Stimmen!
Die Menschen, die ich heute sah und sprach.
Dir, Herr, befehle ich sie an.


Die Arbeit, die gelang,
ich gebe sie voll Dank an Dich zurück,
und das, was so wie Sand
zwischen den Fingern mir zerrann,
fang Du es auf und mache Schaden gut!


Wo ich mich Dir entfernte, Herr, verzeih,
und wo ich Liebe schuldig blieb,
füll Du den Mangel aus,
so wie auch ich vergebe meinen Schuldnern.


Nun bitte ich Dich, Herr,
nimm Du mich auf in dieser Nacht
und hülle meinen Leib
samt Geist und Seele ganz in Deinen Frieden ein.


Und wenn der Schlaf, des Todes kleiner Bruder,
mich in seine Arme nimmt,
so lass ihn immer tiefer lehren mich:
Gib Du Dein Leben voll Vertrauen
ganz an Gott zurück.

## Krankheit

Herr Jesus,
ich gebe Dir mein gesundes, kraftvolles,
schmerzfreies Leben zurück.
Du hast mich beschenkt
und ich freute mich immer am Leben.

Wie sollte ich jetzt zweifeln an Deiner Liebe,
denn Dein Begleiten
und Deine Innewohnung
hört bei meiner Krankheit nicht auf.

Du durchflutest mich
mit Deiner Güte.
Ich bitte Dich um eines
– dass alles zur Verherrlichung Deines Namens gereiche.

Ich hörte eine tiefgehende Predigt:
„Der Tod – der Feind."
„Das letzte Hemd hat keine Taschen."
Dieser Gottesdienst hat mich aufgewühlt.
Meine Seele ist unruhig,
bis sie Ruhe findet in Dir,
Gott, meinem Heil.
Es ist so vieles neu.
Kein Durchziehen meiner Pläne ist mehr möglich,
aus dem normalen Verkehr bin ich herausgelöst,
geschont, geliebt.
Jesus, ich bin nicht lebensmüde – lebenssatt
und doch spüre ich, wieviel ich noch loslassen muss
meine Taschen leer machen,
um nackt und frei vor Dir zu sein.

## Sterben

O Gott,
voller Ehrfurcht stehe ich neben ihrem Bett,
ihrem Sterbe-Bett.
Ihr Leben auf dieser Erde neigt sich dem Ende zu.
Sie hat keinen Menschen mehr, der hier mit ihr wacht.
Wie danke ich Dir für das große Vorrecht,
ihr in diesen letzten Stunden zur Seite zu stehen.
Unsagbar groß ist das Geheimnis eines
Menschenlebens.
Du kanntest sie, bevor sie geboren wurde und
Deine Liebe hat sie unsichtbar
begleitet auf allen ihren Wegen.
Du allein kennst den ewigen Namen,
den sie von Dir empfängt,
ihre einmalige Bestimmung
in dieser Zeit und bis in Ewigkeit.
Mein Herz erinnert sich an die Worte aus den Psalmen
und ich spreche sie ganz leise aus:
Der Herr behüte dich vor allem Bösen,
Er behüte deine Seele,
Er behüte deinen Ausgang
und Eingang
von nun an bis in Ewigkeit.


Als ich später ihren Leichnam in Leinentücher
hülle,
singt ein Lied in mir:
„Dem König will ich Rosen bringen."
Eine Kostbarkeit gebe ich zurück in Deine Hände,
Du König der Welt.

Jesus, der Gedanke an Dich
schenkt dem Herzen wahre Freude.

Jesus – Freude des Herzens,
lebenspendender Quell,
Licht des Verstandes,
das jede Freude übersteigt
und jedes Verlangen übertrifft.

Kein Mund kann es erzählen,
kein Wort kann es ausdrücken:
Allein wer es erfahren hat,
glaubt und weiß, was es bedeutet,
Jesus zu lieben.

Jesus, wunderbarer König
und mächtiger Sieger,
unbeschreibliche Güte,
nach der wir uns sehnen.
Du erfüllst unser Herz.
Bleibe bei uns, Herr, mit Deinem Licht.

*Bernhard von Clairvaux (1090–1153)*

# Vallis Gratiae –
# 40 Jahre Gnadenthal

### Vorgeschichte

Als in Berlin die Mauer gebaut wurde, 1961, kamen in Ostfriesland die ersten zwei Brüder zusammen. Sie begannen das gemeinsame Leben und setzten so neben die brutale Trennung das Zeichen der Einheit und der Liebe. 1963 zogen die Beiden nach *Ludwigshafen*. Sie verspürten den Auftrag, „mitten in der Welt" zu leben. Griffige Slogans waren damals für uns wichtig. Daher hieß es: „Das Salz gehört in die Suppe." So plakativ dieser Satz auch ist, er drückt auf seine Weise unseren Auftrag aus: im normalen Alltag und Beruf Nachfolge Jesu zu leben, Menschwerdung Gottes.

Aber ohne die Zusammenführung der Brüder mit dem Ehepaar Werner und Erika Bangel in Ludwigshafen wäre möglicherweise daraus nicht viel geworden.

1964 wurde durch ihre Initiative der eingetragene gemeinnützige Verein „Jesus-Bruderschaft e. V." gegründet. Und in demselben Jahr fanden die Schwestern (die schon von den allerersten Anfängen an wartend bereitstanden) bei Bangels Aufnahme. Es ist sicherlich kein Zufall, dass fast gleichzeitig auch junge Familien sich von diesem Leben der Nachfolge angezogen fühlten, gerade wegen seiner Radikalität. Aus ihrem Kreis formierte sich 1968 mit Oertels, Felgers und Walters die Stammzelle der Familiengemeinschaft. Später entstand noch eine eigene kleine Gruppe von älteren alleinstehenden Frauen.

Dass wir als Brüder, Schwestern und Familien unter
ein und demselben Auftrag stehen, wie immer im einzelnen die Akzente gesetzt sein mögen, dass wir einander brauchen und von Gott aneinander gewiesen sind,
diese Tatsache wollen wir nicht mehr aus dem Auge
verlieren. Dass damit freilich auch eine Spannung um-
schrieben ist, muss nicht verschwiegen werden. Vielleicht kommt sie geradezu symbolisch in dem Ort zum
Ausdruck, der zu gleicher Zeit Kloster und Bauerndorf
ist: *Gnadenthal*.

### Gnadenthal

Eine unserer Schwestern stammt aus Gnadenthal im
Taunus. Von 1235 bis 1635 war dort ein Zisterzien-
serinnen-Konvent beheimatet, welcher den Namen
„Vallis gratiae", Gnadenthal, führte. Nach der Zerstörung im Dreißigjährigen Krieg wurde das Anwesen in
eine Staatsdomäne umgewandelt, lebte aber im Bewusstsein der Bevölkerung immer noch als „das Kloster" fort. 1935/36 beendeten die Nationalsozialisten
die geistliche Geschichte des Ortes – so meinten sie je-
denfalls. Das Hofgut wurde in ein Erbpacht-Dorf umgewandelt, kleine Bauernhöfe und Landarbeiterstellen
wurden geschaffen und Familien von auswärts ange-
siedelt. Die aber brachten ihre eigene, rechtschaffene
Frömmigkeit mit, und so wurde in Gnadenthal weiter-
hin gebetet und gearbeitet. Unter diesen Siedlern waren
auch die Großeltern unserer Schwester, Familie Welsch.
Einerseits war es etwas ganz Alltägliches, was uns nach
Gnadenthal führte: eine Zwetschgenernte. Und was wir
vorfanden, war eine schlichte Bauernfamilie. Walter

und Juliane Welsch haben in einer so einfachen und einfältigen Treue ihren Glauben gelebt und dabei ihren Hof bestellt, dass es einen heute noch anrühren kann. In dieser treuen Gläubigkeit haben sie uns 1969 ihr Anwesen anvertraut, und in dieser gläubigen Treue haben sie bis zu ihrem Tod in den Jahren 2002 bzw. 2003 unter uns gelebt. Auf ihre Weise verkörperten sie unseren Auftrag ganz und gar. Nur Gott kann ihnen das wirklich vergelten.

Andererseits führte uns die Suche nach einem Ort, an dem ein Stille-Zentrum entstehen könnte, hierher. Denn das Hören auf Gott in der Stille hatte den Weg der ersten Geschwister von Anfang an begleitet. Schon damals hat uns Pater Georg Mühlenbrock SJ darin beraten und durch die Exerzitien des Ignatius von Loyola unsere Stille-Arbeit mitgeprägt.

Gnadenthal scheint nun nicht „mitten in der Welt" zu liegen, und die Konzentration auf das Stille-Zentrum trug das Ihre dazu bei, dass dieser Akzent für die Gnadenthaler Geschwister etwas in den Hintergrund trat. Allerdings haben zu jener Zeit die zahlreichen Außenkommunitäten (kleine Lebensgemeinschaften in verschiedenen Städten – auch im Ausland) diese Stafette aufzunehmen und umzusetzen versucht.

1969 ist als dritte Jahreszahl für unsere Gründung und Werdung festzuhalten. Wenn die Bezeichnung „Jesus-Bruderschaft Gnadenthal" zu einem festen Begriff geworden ist, der mit seinen beiden Bestandteilen eine geistliche Aussage macht, so ist das auf jenes Jahr und die Führung Gottes, die wir damals erlebten, zurückzuführen. Die Namensverbindung war weder gesucht noch gewollt. Sie war ein Geschenk. Gesucht und gewollt hatten wir einen Ort für die Stille. Den hatten wir nun gefunden, und so wurde in den folgenden Jahren fleißig gebaut: zunächst das Brüderhaus mit der Kapelle, dann das „Haus der Stille". Die Schwestern wohnten in der alten, umgebauten Bauernwohnung, dem ehemaligen „Äbtissinnenhaus". Das Zentrum der Bruderschaft zog aus der Großstadt Ludwigshafen in das kleine, nicht mehr als 10 Familien umfassende Dorf Gnadenthal.

### Ein altes Kloster erwacht zu neuem Leben

Das Jahr 1984 brachte einen entscheidenden Einschnitt in unsere bisherige Entwicklung. Ein Hof am Dorfausgang stand eines Nachts in Flammen und konnte als Brandruine von uns erworben werden. Wir bauten ihn mit Unterstützung vieler freiwilliger junger Helfer wieder auf. Er bekam den Namen „Nehemia-Hof". Darin drückte sich nicht nur aus, dass verbrannte Mauern wieder ausgebessert wurden, wie es seinerzeit Nehemia mit den Stadtmauern Jerusalems tat. Sondern damals wie heute brauchte das Volk Gottes einen erneuerten Sinn für seine Identität und seinen Auftrag in der Welt, die sich in einem Lebensstil, einer Lebenskultur konkreten Ausdruck verschafften. Für Israel wie für uns Christen heute stellte und stellt sich die Frage: Volk Gottes sein – wie geht das praktisch? So öffnete der Nehemia-Hof seine Tore für Seminare und Wochenenden über Ehe und Familie, über Kindererziehung und Leben mit Behinderten, über Umgang mit Krankheit und dem Sterben.

In demselben Jahr bot uns der Bauer, der die andere Klosterhälfte bewohnte, seinen Hof zum Kauf an. Daraus erwuchs uns eine Verantwortung für das Dorf selbst, die wir zuvor gar nicht gespürt hatten und auch nicht wahrnehmen konnten und mussten. Aber nun war mit den Höfen auch viel Land zu verwalten. Es stellten sich Fragen wie diese: Was machen wir mit dem Land? Wie gehen wir verantwortlich damit um? Nach welchen Methoden wollen wir es bewirtschaften? Was wird aus dem Dorf und den Häusern, die in unserem Besitz sind? Wird der Ort weiter zersiedelt oder kann er noch einmal sein Gesicht als Kloster zurückgewinnen? Wie können geistliches Leben und ländliche Arbeit so miteinander verbunden werden, dass eines das andere nicht stört und beeinträchtigt, sondern trägt?

Aufgrund dieser Fragen ist durch Gottes Führung im Lauf der Jahre eine geschwisterliche Dorfgemeinschaft entstanden, die einerseits das Leben eines normalen Dorfes widerspiegelt, andererseits bewusst aus Glauben gestaltet wird und neben der Arbeit in der Landwirtschaft und verschiedenen Betrieben (damals unter anderem Schreinerei, Hofmarkt, Verlag, Buchhandlung, Kunstgalerie, Ingenieurbüro) auch Gebetszeiten, Hausgemeinschaften, Belehrung und Austausch umfasst.

So hat sich damals eine Wende vollzogen: Durch die intensivierten Bemühungen um die Landwirtschaft und den Aufbau von Betrieben mit Ausbildungsplätzen, durch den Wiederaufbau von Kloster und

Dorf und die damit verbundenen Kontakte zu Ämtern und Behörden hat sich auch Gnadenthal als „mitten in der Welt" lebend erwiesen, während die Zahl der Außenkommunitäten reduziert werden musste. Das Ineinander von Kloster und Bauerndorf mit seinen Betrieben als einer spannungsvoll gefügten Einheit trat stärker in unser Bewusstsein und damit auch die Notwendigkeit und die Möglichkeit, in unserer Geschöpflichkeit Menschwerdung Gottes konkret zu leben. Auch ist uns aufgrund der Veränderungen in unserer Gesellschaft deutlich geworden, dass heutzutage Menschen, die echte Lebenshilfe brauchen, auf ein größeres Beziehungsgeflecht angewiesen sind, auf „kirchliche Sozialmilieus" (P. Medard Kehl SJ), in denen sie leben, arbeiten und einen inneren Weg gehen können.

### Neuanfang im Osten

Die Öffnung der Mauer 1989 war für uns ein ebenso sprechendes Ereignis wie ihre Errichtung in unserem Gründungsjahr. Freunde riefen uns in den Osten. Pfarrer Heinrich Spaemann ermutigte uns, das Leben zu teilen, und zwar dort, wo es am nötigsten gebraucht werde. Und wer weiß – vielleicht wirkte in allem auch ein zisterziensisches „Charisma" mit. Wir brachen auf, und so entstanden das Werk- und Studienzentrum in Hennersdorf und eine Kommunität im Kloster Volkenroda – eine der ältesten Zisterzienserniederlassungen auf deutschem Boden. Dass das Kloster in der Reformationszeit zerstört wurde und jetzt von (mehrheitlich) evangelischen Christen wieder erneuert wurde, und zwar nicht nur im Sinne einer

Gebäuderestauration, sondern auch mit Stundengebet und klösterlichem Leben, das passt zu unserem Auftrag der Einheit und der Liebe.

Nachdem die Schwestern fast 20 Jahre lang an mehreren Orten gelebt hatten, war 2009 die Zeit für sie gekommen, sich wieder neu zu sammeln. Die drei Hennersdorfer Schwestern zogen zurück nach Gnadenthal und bilden mit den dortigen Schwestern eine Zelle des gemeinsamen Lebens, des konzentrierten Gebets und des Zeugnisses für andere.

Im selben Jahr formierte sich in Gnadenthal eine „WegGemeinschaft", in der uns sehr nahe stehende Freunde die Möglichkeit haben, in der Spiritualität der Jesus-Bruderschaft zu leben, ohne an einen unserer Orte des gemeinsamen Lebens umziehen zu müssen.

# Jesus-Bruderschaft Gnadenthal – ein Überblick in Stichworten

**21. Oktober 1961** Beginn des gemeinsamen Lebens der Brüder in Hamswehrum/Ostfriesland.

**Ostern 1964** Erika Bangel willigt in die Führung eines Schwesternzweiges ein.

**28. Mai 1964** Gründung des gemeinnützigen Vereins „Jesus-Bruderschaft e. V." in Ludwigshafen.

**3. Oktober 1969** Kauf des Bauernhofes von Familie Welsch in Gnadenthal (= die hintere Klosterhälfte).

**3. Oktober 1971** Einweihung des Brüderhauses („Fisch").

**Sommer 1972** Wir bauen im Namen Gottes ein „Haus der Stille".

**März 1973** Aussendung von Brüdern und Schwestern nach Jerusalem.

**März 1974** Aussendung von Brüdern und Schwestern nach Kamerun.

**1975** Das Haus der Stille ist fertig; den Betrieb hatte es schon mit Fertigstellung des ersten Bauabschnitts aufgenommen.

**1. Mai 1979** Einweihung des Schwesternhauses („Vaterhaus").

**4./5. Februar 1984** Das Haus Cissartz („Müller-Hof") brennt. Es wird uns zum Kauf angeboten. Kurz darauf

bietet Bauer Schrohe seinen Hof (= die vordere Klosterhälfte) zum Kauf an. Wir halten Gebetswache rund um die Uhr.
Der „Nehemia-Hof" als Jugend- und Familienbegegnungsstätte entsteht. Der Wiederaufbau des Klosters Gnadenthal beginnt. „Brüderliche Dorfgemeinschaft" und „Gesellschaftsdiakonie" sind wichtige Stichworte.

**7. Oktober 1984**  Erntedankfest und damit erster Gottesdienst auf dem Heuboden der Klosterkirche, die noch als Kuhstall dasteht.

**1. Mai 1986**  Der Nehemia-Hof wird eingeweiht.

**Mai 1991**  Roßkopf & Partner eröffnet einen Schreinereibetrieb in Hennersdorf, Sachsen.

**Ende 1992**  Bitte von Bürgermeister Meissner (Körner), und Familie Köhler (Volkenroda), um Mithilfe bei der geistlichen Nutzung des Klosters Volkenroda, Thüringen.

**19. November 1993**  Vereinsgründung „Wiederaufbau Kloster Volkenroda" unter Beteiligung der Selbitzer Brüder (Communität Christusbruderschaft) und des Christusdienstes Thüringen.

**Dezember 1993**  Kauf des Klosters Volkenroda.

**8. Mai 2003**  Kloster Volkenroda wird juristisch und wirtschaftlich selbständig.

**Sommer 2009**  Die Schwestern sammeln sich in Gnadenthal.

**3. Oktober 2009**  Gründung der „WegGemeinschaft" der Jesus-Bruderschaft.

# Worterklärungen

*Kyrie*  altkirchlicher Huldigungsruf. Volltext: „Kyrie eleison – Herr, erbarme dich! Christe eleison – Christus, erbarme dich! Kyrie eleison – Herr, erbarme dich!" Kommt im Eingangsteil jedes evangelischen, katholischen und orthodoxen Gottesdienstes vor.

*Präfation*  Eingangsdialog zwischen Pfarrer und Gemeinde zu Beginn des Abendmahls / der Eucharistie, der in einen Lobpreis Gottes mündet. Geht in seinen Wurzeln auf den jüdischen Gottesdienst zurück und ist in allen orthodoxen, katholischen, anglikanischen und den meisten evangelischen (lutherischen) Kirchen in Gebrauch.

*Responsorium*  Wechselgesang, mit dem man auf die Schriftlesung in den Tagzeitgebeten antwortet.

# Quellen

Benediktinisches Antiphonale, Band III: Vesper, Komplet, hg. v. der Abtei Münsterschwarzach, Münsterschwarzach 1996.

Christenson, Larry, The Magnificent Paradox. Back to square one, Minneapolis 1979. Deutsche Übersetzung des Gebetes auf Seite 67/68: Jesus-Bruderschaft Gnadenthal.

Erneuerte Agende. Vorentwurf, gemeinsam hg. v. der Vereinigten Evangelisch-Lutherischen Kirche Deutschlands, Lutherisches Kirchenamt, und der

Evangelischen Kirche der Union, Kirchenkanzlei, Hannover und Bielefeld 1990.

Evangelisches Gesangbuch, Ausgabe für die Evangelische Kirche in Hessen und Nassau, Frankfurt 1994.

Evangelisches Gottesdienstbuch. Agende für die Evangelische Kirche der Union und für die Vereinigte Evangelisch-Lutherische Kirche Deutschlands, hg. v. der Kirchenleitung der Vereinigten Evangelisch-Lutherischen Kirche Deutschlands und im Auftrag des Rates der Kirchenkanzlei der Evangelischen Kirche der Union, Berlin 1999.

Gebetbuch der Israeliten, übersetzt und mit erklärenden Anmerkungen versehen von J. N. Mannheimer, Tel Aviv 1969.

Gotteslob. Katholisches Gebet- und Gesangbuch für das Bistum Limburg, Frankfurt a. M., 8. Aufl. 1986.

## Bildnachweise

Titelbild  Aquarell, Eberhard Münch, ohne Titel, 2009, 57 × 76 cm (Ausschnitt)

S. 11  Aquarell, Eberhard Münch, ohne Titel, 2009, 57 × 76 cm

S. 37  Aquarell, Eberhard Münch, ohne Titel, 2009, 38 × 57 cm

S. 57  Aquarell, Eberhard Münch, ohne Titel, 2009, 57 × 76 cm

S. 75  Aquarell, Eberhard Münch, ohne Titel, 2009, 57 × 76 cm